Leopé • Martin Klein

Rabenstarke Dinogeschichten für Erstleser

Mit Bildern von Pascal Nöldner
und Jörg Hartmann

Ravensburger

Bibliografische Information der Deutschen Nationalbibliothek:

Die Deutsche Nationalbibliothek verzeichnet diese Publikation
in der Deutschen Nationalbibliografie.
Detaillierte bibliografische Daten sind im Internet
über http://dnb.d-nb.de abrufbar.

1 3 5 4 2

Ravensburger Leserabe
Diese Ausgabe enthält die Bände
„Abenteuer im Dino-Wald" von Leopé
mit Illustrationen von Pascal Nöldner,
„Eine Falle für den T-Rex" von Martin Klein
mit Illustrationen von Jörg Hartmann.
© 2018, 2014

© 2023 Ravensburger Verlag GmbH
Postfach 2460, 88194 Ravensburg
für die vorliegende Ausgabe

Umschlagbild: Pascal Nöldner
Konzept Leserätsel: Dr. Birgitta Reddig-Korn
Printed in Germany
ISBN 978-3-473-46276-6

ravensburger.com
www.leserabe.de

Inhalt

Leopé

Abenteuer im Dino-Wald

Mit Bildern Pascal Nöldner

Inhalt

Spaziergang im Wald

„Komm, wir spielen Verstecken",
ruft Maja und rennt ins Gestrüpp.
Timmy springt jubelnd hinterher.

„Siehst du", sagt die Mutter,
„im Wald gefällt es den Kindern.
Da können die beiden toben."

„Stimmt", gibt der Vater zu.
„Der Ausflug war eine gute Idee."

Arm in Arm gehen sie spazieren,
während Maja und Timmy
durchs Unterholz streunen.

„Mama, Papa",
hallt es durch den Wald,
„sucht mich!"

„Das war Timmy",
sagt die Mutter.

CH!

A, WO BIN ICH?

Ein zweiter Ruf ertönt:
„Papa, Mama, wo bin ich?"

„Und das war Maja",
meint der Vater.

Die Eltern
spähen rechts und links
in die Büsche.

13

Timmy rückt eng an Maja heran.
Hinter dem dicken Baumstamm
werden ihre Eltern
sie nicht so leicht finden.

„Schau mal",
sagt Maja plötzlich.
Sie zeigt auf den Boden.
„Komischer Stein."

„Oder ein Knochen",
meint Timmy.
Er hebt das Ding auf
und reibt ein wenig daran.

Da geschieht etwas Unglaubliches:
Das Ding beginnt
bläulich zu schimmern.
Kurz darauf blitzt es grell.

Dann macht es leise plopp,
und die Geschwister finden sich
in einer anderen Welt wieder.

Aus Timmys Händen
springt eine kleine Echse.

In der Urzeit

„Wa…was war da…das?",
stammelt Timmy.
„Wo … wo sind wir?"

„Keine Ahnung",
meint Maja.

„Sieht aus wie in der Urzeit",
sagt Timmy und schaudert.

Maja zeigt in die Luft.
„Hoffentlich stechen die nicht."

Die Kinder drücken sich
an den Stamm des Baumes,
der jetzt von Lianen
umschlungen ist.

So weit sie schauen können,
sind sie umgeben
von gigantischen Farnen
und großen, bunten Blüten.

„Ganz schön warm hier",
sagt Maja.

„Ja", meint Timmy,
„ich würde sogar sagen: heiß.
Und schwül.
Ich schwitze am ganzen Körper."

Hoch am Himmel sehen die beiden
sonderbare Flugtiere schweben.
Starr vor Schreck halten sich
die Geschwister eng umschlungen.

Plötzlich springen vor ihnen
zwei Dinosaurier aus dem Gebüsch
und jagen keifend davon.

„Ich glaube, wir sollten uns besser
ein Versteck suchen",
sagt Maja und zieht Timmy
hastig hinter sich her.

Wenige Schritte entfernt
finden sie einen Unterschlupf.
Sie kauern sich hinter
einige krumme, dicke Wurzeln.
Durch Farnwedel
spähen sie vorsichtig ins Freie.

Immer wieder laufen
kleine und große Saurier
an ihrem Versteck vorbei.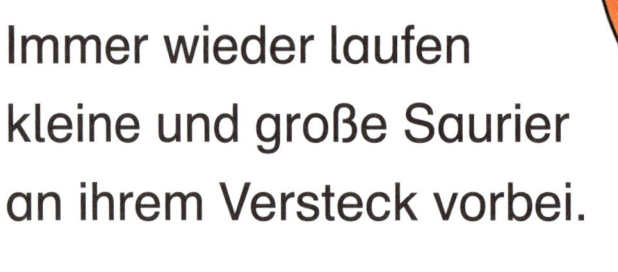

„Du hast doch Mamas Handy",
sagt Timmy plötzlich.
„Ruf Papa an.
Er soll uns hier rausholen."

„Zuerst", sagt Maja,
„mache ich ein Foto.
Sonst glaubt uns das keiner."

Als Maja fotografiert,
leuchtet der Blitz auf.

Nicht weit von ihnen
bleiben zwei riesige Saurier
abrupt stehen.
Sie wenden ihre Köpfe.

Die Kinder ducken sich tiefer
hinter die dicken Wurzeln.

Plötzlich ertönt aus dem Handy
ein lauter Klingelton.

„Mist", zischt Maja.
„Da ruft jemand für Mama an."
Sie tippt zweimal auf das Handy.
Der Klingelton verstummt.

BUMM

BUMM

BUMM

BUMM

Die beiden Saurier keifen schrill,
dann schreitet einer von ihnen
langsam auf das Versteck zu.
Maja und Timmy erstarren.

„Nein, bi…bitte niiicht",
raunt Timmy
und klammert sich an Maja.

Mit zitterndem Finger
tippt Maja eine Nachricht:

SOS!
MAMA UND PAPA, WO SEID IHR?
HILFE!

29

Weg hier!

Der eine Saurier senkt den Kopf
und späht durch die Wurzeln.
Das riesige Auge zuckt bedrohlich.
Die Pupille wird schmal
wie ein Schlitz.

Als der zweite Saurier
dem ersten folgt,
wackelt der Boden
wie bei einem Erdbeben.

Die Kinder hören
den zweiten Saurier brüllen.
Sie spüren den heißen Atem
des ersten Sauriers.

Da bricht ein Tyrannosaurus Rex
aus den Büschen hervor.
Mit lauten Schreien ergreifen
die anderen Saurier die Flucht.

Timmy und Maja kriechen
ganz tief unter die Wurzeln.

Aber der Tyrannosaurus Rex
hat die Kinder entdeckt.
Schritt für Schritt kommt er näher.
Bei jedem Schritt wird er größer.

Gerade will er die Kinder packen …

… da ertönt aus dem Handy
eine bekannte Musik.
Maja hält es sich ans Ohr
und schreit:
„Hilfe! Mama, Papa! Hilfe!"

„Kinder, wo seid ihr?", fragt Mama.
„Hier!",
rufen Timmy und Maja gleichzeitig.

Der Tyrannosaurus Rex hält inne.
Er scheint verwirrt zu sein
und glotzt in die Höhe.

Ein greller Blitz schießt
auf Maja und Timmy herab.
Ein leises Plopp erklingt …

Wieder zu Hause

Maja und Timmy sind urplötzlich
wieder zu Hause im Wald
und stehen ihren Eltern gegenüber.

„Ihr habt euch aber gut versteckt",
sagt Mama und lacht.

Die Kinder stürmen
in die Arme ihrer Eltern.

Timmy sieht das Knochen-Ding
in der Hand seiner Mutter.
„Wirf das weg!", schreit er.

„Was soll denn das, Timmy?",
fragt seine Mutter.

„Das Ding ist gefährlich",
erklärt Maja.

„Gefährlich?", fragt der Vater.
„Scheint eher alt zu sein.
Vielleicht sogar wertvoll."

Maja hat den Schreck überwunden
und fragt ihren Vater:
„Ist meine Nachricht
bei dir angekommen?"

Ihr Vater schaut auf sein Handy
und schüttelt den Kopf.
„Nein. Ich habe nichts bekommen."

„Jetzt erzählt erst mal,
warum ihr so durcheinander seid",
meint ihre Mutter.

Die Kinder berichten,
was sie gerade erlebt haben.

„Das kann doch gar nicht sein",
sagt ihr Vater.
„Ihr wart höchstens
drei Minuten lang von uns weg."

„Ich habe ein Foto gemacht",
ruft Maja.
Doch auf dem Foto ist nur
der heimische Wald zu sehen.

„Zeig ihnen die Nachricht",
drängt Timmy.

Aber auch in Mamas Handy
ist die Nachricht
nicht mehr zu finden.
Alle Beweise sind weg.

„Da ist wohl wieder einmal
eure Fantasie
mit euch durchgegangen",
meint der Vater.
„Seht her: Wenn ich das Ding reibe,
passiert gar nichts."

„Vielleicht funktioniert es nur
bei Kindern", überlegt Maja.

„Wahrscheinlich", sagt der Vater.
„Deshalb nehmen wir es mit
und übergeben es dem Museum.
Damit nicht noch einmal
jemand in Gefahr gerät."

„Und eure Geschichte
schreibe ich auf",
ergänzt die Mutter.
„Vielleicht wird ja
ein Buch daraus.
Und ihr malt die Bilder. Okay?"

„Okay", rufen Maja und Timmy.
Dann machen sich alle fröhlich
auf den Heimweg.

Martin Klein

Eine Falle für den T-Rex

Mit Bildern von Jörg Hartmann

Inhalt

Gefährliches Spiel

Im Urzeit-Wald ist was los:
Auf der großen Lichtung
rasen drei Saurier
hin und her.

„Ich krieg euch!",
schnauft Brocken.
„Und dann fress ich euch!"

„Das schaffst du nie",
ruft Hörnchen.
„Lahm-Saurus Rex!",
lacht Quak.

51

Brocken stürzt los.

Aber Hörnchen und Quak

weichen geschickt aus.

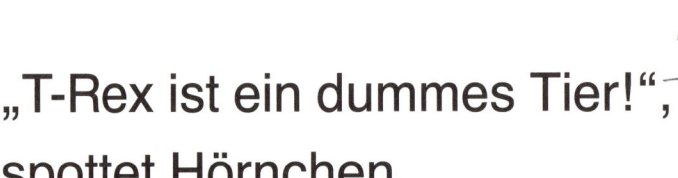

„T-Rex ist ein dummes Tier!",

spottet Hörnchen.

„Er ist dort und ich bin hier!"

Brocken rappelt sich auf.
„Jetzt ist aber mal
einer von euch der T-Rex!"

„Kein Problem!"
Hörnchen reißt
das kleine Maul auf.

„Ich bin hungrig!",
brüllt der T-Rex.
„Und ich sehe mein Mittagessen!
Mit Nachtisch!"
Quak und Brocken
flüchten kichernd.
Hörnchen rennt hinterher.

Quak ist ein Entenschnabel,
Brocken ist ein Langhals
und Hörnchen ist
ein Dreihorn-Kind.

Im Dickicht hinter ihnen
raschelt Laub.
Schnelle Schritte nähern sich.
Die drei kleinen Saurier
bemerken es nicht.

Überfall

Zwei eiskalte Augen
tauchen auf.

Darunter blitzt ein Maul
mit scharfen Zähnen.
Velociraptor,
der „Schnelle Räuber",
greift an!

Quak schlägt Haken
und Hörnchen rettet sich
auf einen großen Stein.

Aber Brocken ist viel zu langsam.
Der Velociraptor
holt ihn sofort ein.

Brocken ist starr vor Schreck.
Er braucht Hilfe! Sofort!

Hörnchen springt los.
Er landet auf einem Ast
und kracht mit ihm zu Boden.

Ein Stein schnellt durch die Luft.
Der „Schnelle Räuber" kippt um.

„Gerettet", seufzt Brocken.
„Wie hast du das geschafft?"
„Keine Ahnung",
sagt Hörnchen verdutzt.
„Bloß weg hier!"

Die drei kleinen Saurier
verschwinden im Wald.

Stein + Ast + Stamm = Falle

„Spielen auf der großen Lichtung
ist streng verboten!",
schimpft Mama Dreihorn.

„Raubsaurier sehen euch
und halten euch für Schnitzel!",
brummt Opa Entenschnabel.
„Die Lichtung ist ab sofort
doppelt streng verboten!"

Hörnchen, Quak und Brocken
wollen keine Schnitzel sein.

Aber die Lichtung
ist der beste Spielplatz.
Außerdem wartet dort
ein Rätsel auf seine Lösung.

„Wieso bekam
der ‚Schnelle Räuber‘
den Stein ab?", fragt Hörnchen.

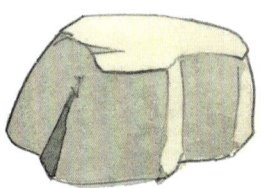

„Was war mit dem Ast los?",
überlegt Quak.

„Und woher kam der Stein?",
grübelt Brocken.

Die drei kleinen Saurier
werden immer neugieriger.
Und sie wollen
das Rätsel unbedingt lösen.

Heimlich kehren sie
zur Lichtung zurück.

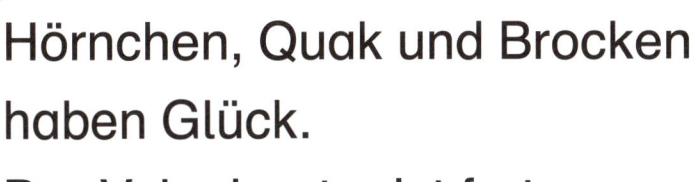

Hörnchen, Quak und Brocken
haben Glück.
Der Velociraptor ist fort,
aber der Ast ist noch da.

Er liegt über
einem Baumstamm.
Ein Ende ragt in die Luft.
Am unteren Ende
ist eine Gabelung.

Die Freunde wiederholen,
was beim Überfall geschah.

Hörnchen klettert auf den Felsen
neben dem Stamm.

„Und hier lag der Stein."
Brocken stellt sich
auf das untere Ende des Astes.

Hörnchen springt
und Brocken hebt ab: „Huch!"
Er zischt durch die Luft
und landet im Farn.

„Ich bin ein Flugsaurier!",
ruft Brocken verdutzt.
„Das war Zauberei!"

„Nein, das war Hörnchen!",
jubelt Quak.
„Der ist noch stärker
als mein Papa!"

Hörnchens Augen leuchten.

„Es funktioniert!"

Er zeigt auf den Stein,

den Ast und den Stamm.

„Damit sind wir alle superstark!"

Immer wieder schleudern
die drei Freunde
sich abwechselnd hoch.
Das macht riesigen Spaß.

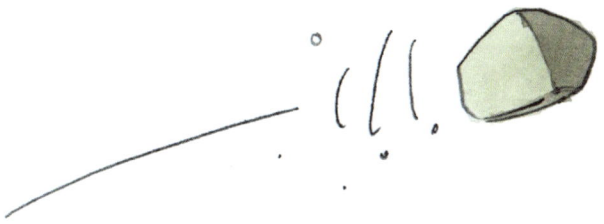

Später üben sie mit Steinen.
Hörnchen, Quak und Brocken
lernen sogar Zielen.

Schließlich haben sie
eine Idee.

Auf der Lichtung gibt es
viele große Steine,
umgestürzte Stämme
und lose Äste!

Genug für viele Flugspiele.
Aber auch genug
für viele Räuberfallen.

Die kleinen Saurier
brauchen Hilfe.
Sie laufen zu ihren Eltern.

Dino-Duell

„Kommt mit zur Lichtung!",
rufen Hörnchen, Quak und Brocken.
„Wir zeigen euch unsere Räuber-Falle!
Und dann bauen wir
ganz viele davon!"
Doch die großen Saurier
halten nichts von der Idee.

Aber die Kinder

lassen nicht locker.

Sie bitten und betteln und nerven.

Schließlich brummt

Opa Entenschnabel: „Na gut.

Damit ihr endlich Ruhe gebt!"

Die Saurier machen sich
auf den Weg zur Lichtung.
Die Eltern sind vorsichtig.
Aber Hörnchen, Quak und Brocken
rennen schon mal vor.

„Achtung!", ruft Hörnchen,
als die Eltern
die Lichtung erreichen.

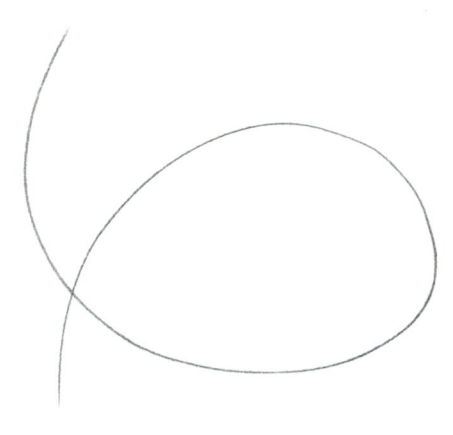

Quak springt
und Brocken fliegt.
Mit Salto!

Die großen Saurier staunen:
„Das ist Zauberei!"
„Nein!" Hörnchen lacht.
„Das kann jeder!"

Zum Glück sind Saurier
nicht nur bärenstark.
Saurier sind noch viel stärker.

Sie wälzen riesige Steine.

Sie rollen Baumstämme
und heben dicke Äste.

Endlich ist alles fertig.

Die Saurier machen sich bereit.

Sie warten gespannt.

Und dann hören sie das Gebrüll:

ROOAAR!

„Ich rieche Schnitzel!"

KNURR!

Sträucher brechen um.

Bäume krachen zu Boden.

Der gefährlichste Dino
aller Zeiten
bricht durch das Dickicht.

Der Boden bebt
unter seinen stampfenden Füßen.
Er ist so groß wie ein Haus
und hat Zähne wie Dolche.
Der schreckliche T-Rex ist da!

Jetzt schnappt die Räuber-Falle zu.
Die Dinos springen alle zugleich.
Die Steine fliegen alle ins Ziel.

„Diese Schnitzel sind ja
steinhart!", japst der T-Rex.
Entsetzt flüchtet er
zurück in den Wald.

Jubel bricht los.
Der Urzeit-Wald bebt
gleich noch mal!
Die Saurier schmettern
ein großes Dino-Hurra!

Alle feiern und die Eltern
sind stolz auf ihre Kinder.

Hörnchen, Quak und Brocken
zwinkern sich zu.
„Mal sehen, was Räuber-Fallen
noch alles können."

Leserätsel

Rätsel 1

Seltsam, seltsam

Welches Wort stimmt? Kreuze an!

Im Wald finden Maja
und Timmy einen
- ○ Kobold.
- ○ Knochen.
- ○ Kamm.

In der Urzeit ist es ganz schön
- ○ hell.
- ○ hart.
- ○ heiß.

Die Geschwister suchen ein
- ○ Versteck.
- ○ Verlies.
- ○ Vögelchen.

Rätsel 2

Buchstaben heraushören

In welchen Wörtern hörst du
den Buchstaben E? Kreuze an!

Ordne die Bilder den Sätzen zu!

A) Hörnchen landet auf einem Ast.

B) Ein Stein trifft den T-Rex.

C) Brocken fliegt durch die Luft.

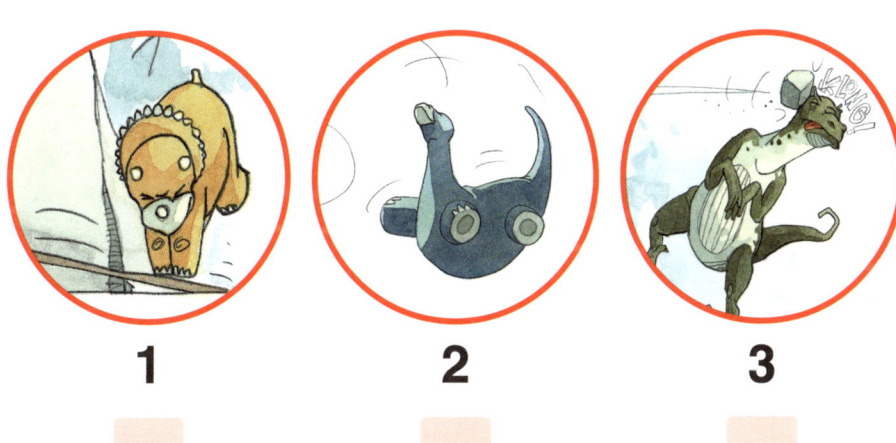

1   2   3

Rätsel für die Rabenpost

Fülle die Lücken aus. Trage die Buchstaben in die richtigen Kästchen ein. So findest du das Lösungswort für die Rabenpost heraus!

Hörnchen springt auf einen

| | S | ₅ |

. (Seite 58)

Der „Schnelle Räuber" hat scharfe

| ₂ | | | | E |

in seinem Maul. (S. 56)

Quak, Brocken und Hörnchen sind drei kleine

| | | U | ₁ | ₄ | | R |

. (Seite 50)

Die Saurier wälzen riesige

| S | | | | N | ₃ |

. (Seite 79)

Lösungswort

| U | ₁ | ₂ | ₃ | ₄ | ₅ |

Hast du das Lösungswort herausgefunden?
Dann kannst du jetzt tolle Preise gewinnen.

Gib das Lösungswort auf der Leserabe-Website
ein oder schick es mit der
Post an folgende Adresse:

An den Leseraben
Rabenpost
Postfach 2007
88190 Ravensburg
Deutschland

Lösungswort

An
den LESERABEN
RABENPOST
Postfach 2007
88190 Ravensburg
Deutschland

**Bitte frage
deine Eltern!***

NOCH MEHR REKORDE ZUM LESENLERNEN

Dinosaurier
ISBN 978-3-473-**46220**-9

GUINNESS WORLD RECORDS FÜR ERSTLESER
DINOSAURIER
Ravensburger

Tiere
ISBN 978-3-473-**46262**-9

GUINNESS WORLD RECORDS FÜR ERSTLESER
TIERE
Ravensburger

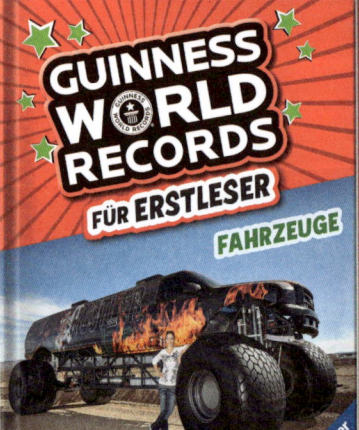

GUINNESS WORLD RECORDS FÜR ERSTLESER
FAHRZEUGE
Ravensburger

Fahrzeuge
ISBN 978-3-473-**46260**-5

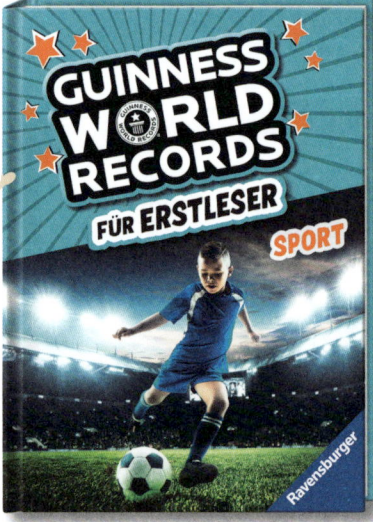

GUINNESS WORLD RECORDS FÜR ERSTLESER
SPORT
Ravensburger

Sport
ISBN 978-3-473-**46261**-2

ERZ 22 002

STICKERN, RÄTSELN & REKORDE

Wilde Tiere
ISBN 978-3-473-**48029**-6

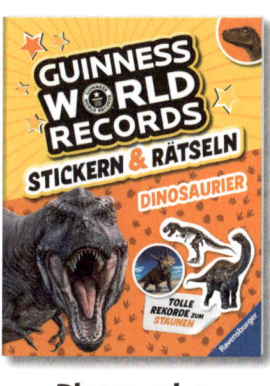

Dinosaurier
ISBN 978-3-473-**48949**-7

WOW!

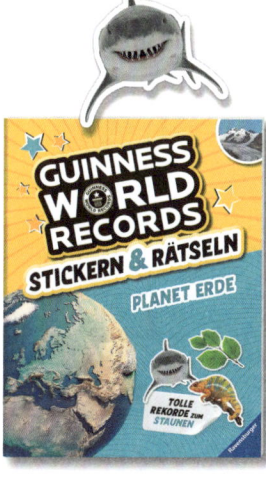

Planet Erde
ISBN 978-3-473-**48000**-5

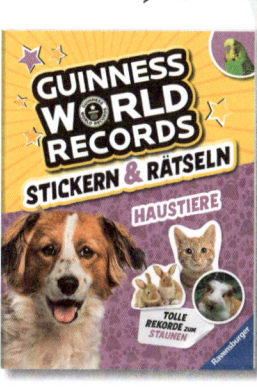

Haustiere
ISBN 978-3-473-**48950**-3

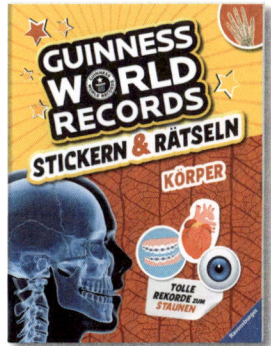

Körper
ISBN 978-3-473-**48026**-5

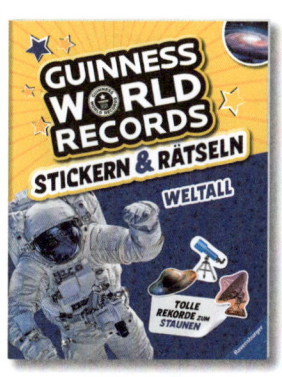

Weltall
ISBN 978-3-473-**48028**-9

Roboter
ISBN 978-3-473-**48951**-0

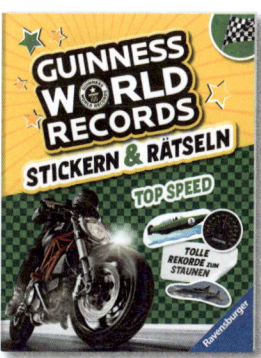

Top Speed
ISBN 978-3-473-**48952**-7

Leserabe

Lesen lernen wie im Flug!

In drei Stufen vom Lesestarter zum Leseprofi

Vor-Lesestufe
Ab Vorschule

ISBN 978-3-473-46185-1

ISBN 978-3-473-46045-8

ISBN 978-3-473-46207-0

1. Lesestufe
Ab 1. Klasse

ISBN 978-3-473-46099-1

ISBN 978-3-473-46215-5

ISBN 978-3-473-46051-9

2. Lesestufe
Ab 2. Klasse

ISBN 978-3-473-46057-1

ISBN 978-3-473-46065-6

ISBN 978-3-473-46187-5

... und viele Bücher mehr!

ERZ 22 004